MINISTÈRE

DE L'INSTRUCTION PUBLIQUE ET DES CULTES.

INSTRUCTIONS

DU COMITÉ DE LA LANGUE, DE L'HISTOIRE ET DES ARTS DE LA FRANCE.

PARIS.

IMPRIMERIE IMPÉRIALE.

M DCCC LIII.

INSTRUCTIONS

DES SECTIONS

DE PHILOLOGIE, D'HISTOIRE ET D'ARCHÉOLOGIE.

EXTRAIT

DU BULLETIN DU COMITÉ DE LA LANGUE, DE L'HISTOIRE ET DES ARTS DE LA FRANCE.

CIRCULAIRE

ADRESSÉE

AUX CORRESPONDANTS DU MINISTÈRE DE L'INSTRUCTION PUBLIQUE

POUR LES TRAVAUX HISTORIQUES.

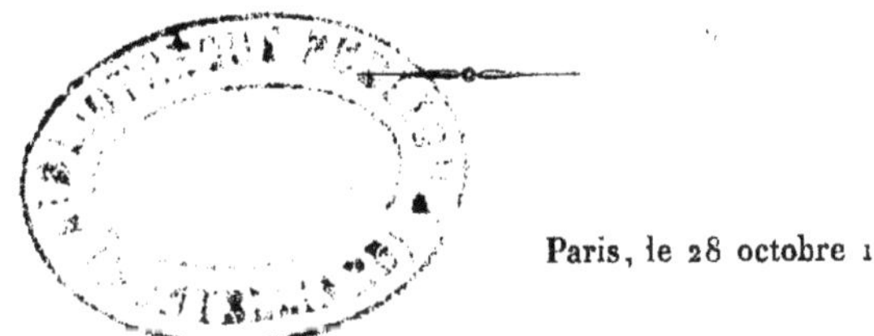

Paris, le 28 octobre 1853.

Monsieur,

En donnant une organisation nouvelle aux comités institués, en 1835, auprès du ministère de l'instruction publique, pour recueillir les documents inédits de l'histoire de France, j'ai voulu mettre en présence toutes les sciences historiques, et les appeler à se contrôler mutuellement dans une délibération commune.

Désormais, la philologie, l'histoire et l'archéologie, réunies dans un seul et même comité, travailleront de concert à éclairer les parties obscures de nos annales. Les instructions rédigées par les anciens comités devenant insuffisantes, j'ai invité le comité de la langue, de l'histoire et des arts de la France à préparer, pour ses correspondants, un nouveau plan de travaux et d'investigations. La pensée qui avait présidé à la nouvelle institution devait aussi inspirer les rédacteurs des nouvelles instructions, et ils se sont attachés à donner à leur travail plus d'unité qu'on n'avait pu en mettre dans les instructions antérieures : ils ont essayé de faire bien comprendre que toute étude sérieuse ne saurait être exclusive, et que la philologie et l'archéologie doivent servir, avant tout, à éclairer notre histoire nationale.

La section de philologie n'a donc pas cru pouvoir se restreindre à une étude stérile des mots et des formes diverses du langage; elle a revendiqué l'histoire du développement intellectuel de la France et la publication des monuments inédits de notre littéra-

1

ture. Pour diriger dans un champ aussi vaste les explorations des correspondants, il faut des instructions précises que cette section n'a pu encore terminer. Elle a dû s'occuper d'abord du *Recueil des poésies populaires*, dont un décret impérial avait confié la rédaction au comité, et préparer pour cette publication des instructions particulières, qui, sous la plume d'un savant écrivain, ont pris le vif intérêt d'une véritable étude littéraire. En joignant l'exemple aux préceptes, M. Ampère a su préciser, dans quelques pages, le véritable caractère de la poésie populaire, et faire ressortir à la fois le charme et l'importance d'un recueil qui réunira les plus naïves fantaisies de l'esprit français et les plus graves souvenirs de nos annales[1].

La section d'histoire, qui doit recueillir et publier les monuments inédits de la vie civile et politique de notre pays, a pu se borner à signaler les sources principales où les correspondants sont à même de puiser, et les grandes collections utiles à consulter, pour s'assurer si les documents qu'on retrouve n'ont pas été déjà publiés. Un court résumé des indications qui doivent accompagner les envois termine ces instructions, destinées à recevoir de nouveaux développements.

Les instructions de l'ancien comité des arts et monuments rendaient la tâche facile à la section d'archéologie. Il lui a suffi d'en reproduire une partie, en ajoutant quelques avis généraux et quelques conseils pratiques.

En vous adressant les instructions réunies des trois sections du nouveau comité, je n'ai pas besoin, Monsieur, de vous inviter à vous bien pénétrer de la pensée qui les a inspirées, et de faire appel à votre dévouement pour la science. Les travaux des correspondants peuvent seuls permettre au comité d'atteindre le but qu'il se propose. J'espère que vous voudrez bien continuer à lui apporter le concours de votre zèle et de vos lumières.

Agréez, Monsieur, l'assurance de ma considération distinguée.

Le Ministre de l'instruction publique et des cultes,

H. FORTOUL.

[1] Les instructions relatives aux poésies populaires de la France ont été publiées à part.

INSTRUCTIONS

DU COMITÉ DE LA LANGUE, DE L'HISTOIRE ET DES ARTS DE LA FRANCE.

SECTION DE PHILOLOGIE.

La section de philologie a dans ses attributions :

1° L'histoire de la langue;

2° L'histoire de la littérature ;

3° L'histoire de la philosophie et des sciences.

L'objet de ses travaux est la recherche et la publication des documents inédits, de tout genre, qui peuvent contribuer à enrichir l'histoire du développement de l'esprit français dans ces trois grandes directions.

Pour éclairer, autant qu'il est en elle, dans un champ si vaste, les explorations des correspondants du comité, dont elle sollicite le concours, la section de philologie se propose de leur transmettre prochainement des instructions détaillées et tout à fait spéciales, qu'elle n'a pas cru devoir encore arrêter d'une manière définitive, mais qu'elle n'ajourne que dans l'espoir de les rendre plus complètes. Elle a jusqu'ici, d'ailleurs, consacré une grande partie de ses séances à la préparation du *Recueil des poésies populaires de la France*, et des instructions particulières qui s'y rapportent. C'est même sur ce point qu'elle appelle aujourd'hui, sinon toute l'attention, au moins la coopération immédiate et efficace des correspondants.

Ceux d'entre eux, toutefois, qui seraient disposés à lui faire des communications, à lui adresser des matériaux relatifs à l'un des objets qui rentrent dans le cadre général de ses attributions, trouveront ici quelques indications préalables de nature à diriger leurs recherches. Aux divisions de ce cadre, que la section de philologie leur rappelle, à la définition simple et nette par elle-même de ces attributions, elle ajoute, comme exemples et comme types caractéristiques de la nature variée de ses travaux, les titres des ouvrages, actuellement sur le métier, dont la publication demeure confiée à ses soins, d'après l'avis du comité, par décision de Son Excellence M. le Ministre de l'instruction publique. Ces ouvrages sont :

1° Pour l'histoire de la langue, et devant faire partie d'une nouvelle série et d'un nouveau volume de Mélanges : *Glossaire latin-français du commencement du XIVe siècle; Lettres inédites de Balzac;*

2° Pour l'histoire de la littérature, et indépendamment du *Recueil des Poésies populaires de la France : Poëmes chevaleresques en langue romane du Midi (Girart de Roussillon, Ferabras, etc.); Poëmes de Chrestien de Troyes;*

3° Pour l'histoire des sciences : *Trésor de Brunetto Latini.*

Parmi les ouvrages précédemment publiés dans la collection des Documents inédits, qui peuvent servir à compléter ces rapides indications, la section de philologie rappelle comme des modèles, tant pour l'histoire de la langue et de la littérature, que pour celle de la philosophie, qui est ici principalement, mais non pas exclusivement, la scolastique : la *Traduction des quatre livres des Rois*, le *Poëme sur la Croisade contre les hérétiques albigeois*, et le *Sic et non* d'Abélard.

Enfin, pour guider plus sûrement encore les correspondants, par les inspirations mêmes qui ont tant contribué à fonder la tradition entière de ces recherches et de ces publications nationales, la section de philologie ne peut mieux faire que de les renvoyer aux *Instructions générales* qui leur furent adressées à l'époque de l'établissement du comité, en 1835, et aux *Rapports* qui font également partie de la collection des Documents inédits, comme conséquences et comme annexes de ces *Instructions*.

INSTRUCTIONS

DU COMITÉ DE LA LANGUE, DE L'HISTOIRE ET DES ARTS DE LA FRANCE.

SECTION D'HISTOIRE [1].

La mission de la section d'histoire est de recueillir et de publier les documents nouveaux et importants relatifs à l'histoire de France. Les correspondants doivent la seconder en lui signalant les mémoires, chartes et autres pièces historiques que renferment les bibliothèques et les archives des départements.

I.

SOURCES PRINCIPALES DES DOCUMENTS HISTORIQUES.

§ I. Bibliothèques. — Presque toutes les bibliothèques publiques contiennent des manuscrits qui ont rapport à l'histoire de France. Un grand nombre de cartulaires y ont été déposés, et personne n'ignore de quelle utilité sont ces documents pour l'histoire civile et ecclésiastique aussi bien que pour la géographie du moyen âge. Les correspondants doivent envoyer au comité l'analyse de tous les cartulaires que renferment les bibliothèques publiques. Ils prendront pour modèle le catalogue des cartulaires conservés dans les archives départementales qui a été publié par le ministère de l'intérieur[2]. Les correspondants auront soin, en dépouillant les cartulaires, de s'assurer si les chartes dont ils transmettent l'indication au comité sont inédites, et d'avertir le comité que

[1] Ces instructions ont été rédigées par M. Chéruel, membre du comité.

[2] 1 vol. in-4°. Paris, 1847.

cette vérification a été faite. C'est une précaution qu'ils doivent prendre pour toutes les pièces dont ils enverront l'analyse ou la transcription. La *Bibliothèque historique* de Lelong et Fontette[1], les *Bibliothèques* de Fabricius[2] et de Casimir Oudin[3], ainsi que l'*Histoire littéraire de la France*[4], le *Gallia christiana*[5], le *Recueil des historiens des Gaules et de la France*[6], et les *Monumenta Germaniæ historica*, publiés par M. Pertz[7], leur fourniront presque toujours les renseignements indispensables. Il serait également utile de consulter les collections où les Bénédictins et d'autres érudits ont réuni tant de pièces diverses; telles que le *Spicilegium* de d'Achery[8], les *Antiquæ lectiones* de Canisius[9], l'*Amplissima collectio*[10] et le *Thesaurus anecdotorum*[11] de Martène et Durand, le *Thesaurus anecdotorum novissimus* de Bernard Pez[12], les *Analecta* de Mabillon[13], la *Nova bibliotheca manuscriptorum* de Labbe[14],

[1] Lelong, *Bibliothèque historique de la France.* Paris, 1719, 1 vol. in-f°. Une nouvelle édition, beaucoup plus complète, a été donnée par Fevret de Fontette. Paris, 1768-1778, 5 vol. in-f°.

[2] *Bibliotheca latina mediæ et infimæ latinitatis cum supplemento Christiani Schœttgenii, et notis Dominici Mansi.* Padoue, 1754, 6 vol. in-4°.

[3] *Commentarius de scriptoribus ecclesiæ antiquis, illorumque scriptis adhuc extantibus in celebrioribus Europæ bibliothecis, etc.* Francfort et Leipsig, 1722, 3 vol. in-f°.

[4] *Histoire littéraire de la France par les Bénédictins de Saint-Maur.* Paris, 1733-1763, 12 vol. in-4°. Cet ouvrage est continué par l'Institut, qui a publié 10 volumes; le dernier porte la date de 1852.

[5] *Gallia christiana in provincias ecclesiasticas distributa.* Paris, 1715-1786, 13 vol. in-f°.

[6] *Rerum gallicarum et francicarum scriptores.* Paris, 1738-1840, vol. I-XX, in-f°.

[7] *Monumenta Germaniæ historica.* Hanovre, 1826-1852, vol. I-XXII, in-f°.

[8] D. Luc d'Achery, *Spicilegium sive collectio veterum aliquot scriptorum,* 1re édit. Paris, 1653-1677, 13 vol. in-4°; nouvelle édition donnée par de la Barre, en 3 vol. in-f°, Paris, 1723.

[9] *Antiquæ lectiones,* 1re édit., Ingolstadt, 1601-1608, 6 vol. in-4°; 2e édit. donnée par Basnage sous le titre de *Thesaurus monumentorum ecclesiasticorum,* Anvers, 1735, 7 parties réunies en 4 ou 5 vol. in-f°.

[10] *Veterum scriptorum amplissima collectio.* Paris, 1724-1733, 9 vol. in-f°.

[11] *Thesaurus novus anecdotorum.* Paris, 1717, 5 vol. in-f°.

[12] *Thesaurus anecdotorum novissimus seu veterum monumentorum collectio recentissima.* Augsbourg, 1721-1729, 6 vol. in-f°.

[13] *Vetera analecta,* 1re édit. Paris, 1675-1685, 4 vol. in-8°; 2e édit., donnée par de la Barre, 1 vol. in-f°. Paris, 1723.

[14] *Nova bibliotheca manuscriptorum librorum.* Paris, 1653, 1 vol. in-4°; et

les *Miscellanées* de Baluze [1], les *Collections des conciles* [2], les *Tables* de Bréquigny [3], les diverses *Bibliothèques des Pères* [4], la Collection des Bollandistes [5], les Vies des saints de l'ordre de saint Benoît [6], etc. Parmi les ouvrages récents, nous recommanderons, entre beaucoup d'autres, quelques-unes des savantes publications du cardinal Angelo Mai [7], ainsique la collection des *Monuments pour servir à l'histoire des provinces de Namur, de Hainaut et de Luxembourg* [8]. A défaut de ces ouvrages, les correspondants ont au moins à leur disposition les histoires locales, où ils peuvent, presque toujours, faire la vérification qui leur est demandée [9].

1657, 2 vol. in-f°. Ces deux ouvrages n'ont de commun que le titre; le premier est un inventaire de manuscrits et le second un recueil de documents inédits.

[1] *Miscellanea*, 1re édit. Paris, 1678-1715, 7 vol. in-8°; 2e édit. donnée par Mansi, avec de nombreuses additions, Lucques, 1761-1764, 4 vol. in-f°.

[2] *Conciliorum omnium generalium et provincialium collectio regia*, Paris, 1644, 37 vol. in-f°; Labbe et Cossart, *Sacrosancta concilia*, Paris, 1672, 18 vol. in-f°; Baluze, *Conciliorum nova collectio*, Paris, 1683, 1 vol. in-f°; Mansi, *Supplementum ad collectionem conciliorum*, Lucques, 1748-1752, 6 vol. in-f°; du même, *Sacrorum conciliorum nova et amplissima collectio*, Florence et Venise, 1759-1790, 31 vol. in-f°; Sirmond, *Concilia antiqua Galliæ*, Paris, 1629, 3 vol. in-f°, avec un supplément par de Lalande, Paris, 1666, in-f°.

[3] *Table chronologique des diplômes, chartes, titres et actes imprimés concernant l'histoire de France*. Paris, 1769-1850, 6 vol. in-f°. Il faut ajouter à cette collection celle des *Diplomata, chartæ, epistolæ, leges, aliaque instrumenta ad res gallo-francicas spectantia*, réédités et complétés par M. Pardessus. Paris, 1743-1749, 2 vol. in-f°.

[4] *Sacra bibliotheca SS. Patrum*, Paris, 1589, 9 vol. in-f°; *Magna bibliotheca Patrum*, Cologne, 1618-1622, 15 tom. in-f°; *Maxima bibliotheca vett. Patrum*, Lyon, 1677, 27 vol. in-f°; Andr. Gallandii, *Biblioth. vett. Patrum*, Venise, 1765, 14 vol. in-f°. Ces trois collections renferment beaucoup de documents relatifs à l'histoire du moyen âge.

[5] *Acta Sanctorum, quotquot toto orbe coluntur*. Anvers et Bruxelles, 1643-1852, 55 vol. in-f°.

[6] *Acta SS. ordinis S. Benedicti in sæculorum classes distributa*. Paris, 1668-1702, 9 vol. in-f°. Cet ouvrage est complété par les *Annales ordinis S. Benedicti*. Paris, 1733-1739, 6 vol. in-f°.

[7] *Classici auctores e Vaticanis codicibus editi*. Rome, 1828-1838, 10 vol. in-8°; *Spicilegium romanum*, Rome, 1838-1844, 10 vol. in-8°.

[8] *Monuments pour servir à l'histoire des provinces de Namur, etc.*, publiés par le baron de Reiffenberg. Bruxelles, 1844-1848, 4 vol. in-8°.

[9] Les correspondants pourront encore consulter les *Notices et extraits des manuscrits*, Paris, 1787-1851, 17 vol. in-4°; les *Ordonnances des rois de France de la troisième race*, Paris, 1723-1849, 21 vol. in-f°; Dumont, *Corps universel diploma-*

La plupart des bibliothèques publiques contiennent aussi des chroniques et des mémoires manuscrits. Ces manuscrits ne sont pas toujours anciens; ce sont souvent des copies de chartes, des journaux, des recueils d'anecdotes, écrits par quelque ecclésiastique ou par quelque amateur patient et laborieux. Ces ouvrages, quelle que soit leur date, n'en ont pas moins leur prix. Tout est à consulter, tout est à recueillir en ce genre; les correspondants devront transmettre au comité l'indication et l'analyse de ces manuscrits. Sans doute les bibliothèques ne fourniront pas toutes, comme celle de Clermont, des journaux écrits par un Fléchier; mais partout il se trouvera quelques matériaux plus ou moins incomplets, qu'il importera de réunir. Dans le cas où les correspondants ne pourraient s'assurer si ces chroniques ou mémoires manuscrits sont inédits, ils devraient envoyer au comité la copie des premières et dernières lignes de l'ouvrage. Ils auront encore à rechercher et à indiquer au comité les lettres d'ambassadeurs et d'autres personnages historiques conservées dans les bibliothèques des départements. Les lettres des savants, des écrivains et des artistes doivent également être signalées. Il importe que tous ces documents soient connus, et que le comité soit informé des renseignements nouveaux qu'ils pourraient fournir pour l'histoire de France.

§ II. Archives. — Les archives publiques sont de tous les dépôts ceux où les correspondants trouveront les documents inédits les plus nombreux et les plus intéressants. On peut les diviser en archives ecclésiastiques, archives civiles ou politiques et archives judiciaires.

tique, Amsterdam, 1726-1731, 8 vol. in-f°; Rymer, *Fœdera, conventiones, etc.*, Londres, 1704-1727, 20 vol. in-f°; Eckhart, *Corpus historicum medii ævi*, Leipsig, 1723, 2 vol. in-f°; Ludwig, *Reliquiæ manuscriptorum, etc.*, Francf. et Leips., 1720-1741, 12 vol. in-8°; *Archiv der Gesellschaft für ältere deutsche Geschichtskunde* (*Archives de la société pour l'étude de l'ancienne histoire d'Allemagne*); ce recueil, publié par M. G.-H. Pertz (Hanovre, 1820-1852, vol. I-X, in-8°), contient beaucoup de documents relatifs à l'Histoire de France. Les correspondants trouveront dans l'*Annuaire de la société de l'histoire de France*, pour 1837, une bibliographie de l'Histoire de France rédigée avec beaucoup de soin par M. Jules Desnoyers. Les tables des *livres cités* dans les tomes XVIII, XX, XXI et XXII de l'*Histoire littéraire de la France* seront aussi très-utiles à consulter. Il suffit de citer les noms des éditeurs pour inspirer une entière confiance. La première de ces tables a été rédigée par M. Daunou et les trois autres par M. J.-V. le Clerc.

Archives ecclésiastiques. — Dans la première catégorie, outre les cartulaires, dont nous avons déjà parlé, nous signalerons aux correspondants les *Registres capitulaires.* Ces documents remontent ordinairement jusqu'aux XIIIe et XIVe siècles, et présentent une série d'annales ecclésiastiques d'un grand intérêt. Ils peuvent servir à compléter ou à rectifier le *Gallia christiana.* Souvent même l'histoire politique y trouve d'utiles renseignements, tels que des lettres de rois, de princes ou gouverneurs adressées aux chapitres; les instructions données par le clergé aux députés qu'il envoyait aux états généraux ou aux états provinciaux; les détails de la réception des princes dans les églises cathédrales, et le récit des cérémonies qui s'y sont accomplies. Ainsi les *registres capitulaires* de la cathédrale de Rouen contiennent les renseignements les plus complets sur le couronnement de Charles, frère de Louis XI, comme duc de Normandie en 1465, sur le serment qui lui fut imposé, et sur les cérémonies religieuses qui accompagnèrent cette investiture solennelle. L'inventaire des bibliothèques capitulaires, les règlements auxquels elles étaient soumises au moyen âge, le prix des livres; les dépenses faites pour la construction ou l'entretien des cathédrales; et bien d'autres renseignements précieux pour l'histoire des mœurs et des institutions de l'ancienne France, font désirer que ces registres capitulaires soient complétement dépouillés. Dans plusieurs diocèses ils ont été remis au secrétariat de l'évêché. Les correspondants obtiendront facilement l'autorisation de les y consulter et d'en extraire les documents qui intéressent l'histoire de France.

Les *Obituaires* des cathédrales et des grands monastères doivent aussi être étudiés attentivement. Ils renferment des indications biographiques intéressantes, non-seulement sur les évêques et les dignitaires ecclésiastiques séculiers et réguliers, mais encore sur les bienfaiteurs des églises et des monastères, et sur les artistes qui ont présidé à la construction ou à l'ornementation des édifices. Les *Registres des officialités diocésaines* fourniront des détails utiles sur les mœurs et les institutions du moyen âge. Les *Pouillés* ou registres des bénéfices ecclésiastiques sont importants à consulter pour la topographie de l'ancienne France. On y trouve, en effet, le dénombrement des paroisses, des chapelles, des hôpitaux, des bénéfices ecclésiastiques séculiers et réguliers sous leurs noms anciens, et dans un ordre méthodique. Les correspondants devront indiquer la date probable de la rédaction de ces pouillés, faire connaître si les noms de lieux sont en latin et diffèrent de la forme actuelle, si ces registres contiennent les noms des patrons et des collateurs, le revenu de la taxe, le nombre des communiants, etc. Ces renseignements seront utiles pour préparer une géographie de la France au moyen âge. Les *Calendriers ecclésiastiques,* qui sont annexés à des missels, à des chroniques et à d'autres manuscrits, peuvent servir à déterminer l'époque de l'inscription des saints au martyrologe. Enfin, le comité recommande aux correspondants les *Registres des visites pastorales* que les évêques ont quelquefois fait rédiger. On y trouve les documents les plus authentiques sur la situation morale et politique du clergé aux diverses époques de notre histoire.

Archives civiles. — Quant aux archives civiles, nous nous bornerons à signaler, au milieu des nombreuses pièces qu'elles renferment, les lettres adressées par les rois, princes et gouverneurs aux bailliages et aux villes, les registres contenant les délibérations des hôtels de ville et échevinages, les procès-verbaux des assemblées de bourgeois, les comptes des receveurs du domaine et des percepteurs des divers impôts, les aveux rendus par les possesseurs de fiefs, les *Mémoriaux* des chambres des comptes, et surtout la correspondance des intendants avec les ministres. Quelques mots suffiront pour indiquer le choix à faire entre ces documents. Les lettres des rois, princes et gouverneurs sont quelquefois des circulaires sans intérêt, destinées à annoncer une bataille, la naissance ou la mort d'un prince, ou tout autre événement de cette nature. Mais, à côté de ces lettres le plus souvent insignifiantes, il s'en trouve qui ont un caractère original ou qui présentent des détails historiques intéressants. Les correspondants doivent en transmettre l'indication au comité.

Le comité appelle aussi l'attention des correspondants sur les registres des délibérations des hôtels de ville. Ces registres contiennent presque toujours une histoire complète des municipalités; on y trouve des relations faites par les échevins, lorsqu'ils sortaient de charge, sur les événements qui avaient signalé leur administration; et des comptes rendus par les députés que les villes avaient envoyés aux états généraux. De pareils documents n'intéressent pas seulement l'histoire locale. Les *Registres des délibérations de l'hôtel de ville de Paris pendant la Fronde,* publiés par la Société de l'histoire de France[1], ont jeté une nouvelle lumière sur cette époque, et prouvé que la bourgeoisie, bien loin d'avoir participé, comme on l'a prétendu, aux intrigues des grands et des parlements, y avait courageusement résisté. L'histoire générale de la France y a gagné un renseignement précieux et authentique.

Les Mémoriaux des chambres des comptes, qui ont été souvent réunis aux archives civiles, fourniront encore d'utiles documents. Ils contiennent, entre autres, les lettres de noblesse et les donations accordées par les rois. La Société des antiquaires de Normandie a rendu un véritable service à l'histoire en faisant publier à ses frais l'analyse des *Mémoriaux de la chambre des comptes de Normandie*. Il serait à souhaiter qu'un pareil travail fût exécuté pour toutes les anciennes provinces.

On trouve aussi, dans les archives civiles, des procès-verbaux d'états provinciaux. Rien ne serait plus utile qu'un inventaire complet de ces documents pour préparer une histoire encore à faire des états provinciaux de la France. Personne n'ignore qu'aux XIVe et XVe siècles, les états provinciaux ne se soumettaient pas toujours aux décisions des états généraux. Les états de Normandie, entre autres, résistèrent à la perception d'un impôt voté par l'assemblée de 1351. L'étude et le dépouillement des cahiers des états provinciaux auraient donc un intérêt réel pour l'histoire générale de la France.

A ces diverses catégories de documents que contiennent les archives civiles, il faut ajouter une correspondance dont jusqu'ici on n'a tiré presque aucun parti, et qui servira à faire connaître l'administration monarchique des deux derniers siècles. Les intendants, institués par Richelieu, maintenus et affermis par Louis XIV, ont été les instruments les plus actifs de la puissance centrale dans les diverses parties de la France. La correspondance des ministres avec ces fonctionnaires existe dans les archives des départements. C'est là surtout qu'on peut suivre le travail incessant de l'administration monarchique pour transformer la France, annuler les droits féodaux, les libertés municipales et les franchises ecclésiastiques, et en même temps développer l'industrie, améliorer les finances, ouvrir des routes, creuser des canaux, réformer les universités et le clergé. La publication de la *Corres-*

[1] *Registres de l'hôtel de ville de Paris pendant la Fronde.* Paris, 1846-1848, 3 vol. in-8°.

pondance administrative de Louis XIV a déjà fourni d'utiles renseignements pour l'histoire de ce règne; et cependant elle se compose principalement de lettres adressées par les intendants aux ministres de Louis XIV, tandis que les archives des intendances contiennent les dépêches mêmes des Colbert, des Louvois, et d'autres personnages illustres des XVIIe et XVIIIe siècles, dont l'administration n'est encore qu'incomplétement connue. Cette partie des archives départementales a été beaucoup trop négligée. Les correspondants y trouveront la matière de communications aussi neuves qu'intéressantes.

Archives judiciaires. — Les *Archives judiciaires* renferment les registres des anciennes juridictions seigneuriales et royales. Elles ont presque toujours été conservées avec soin par les fonctionnaires chargés des greffes; mais il s'en faut de beaucoup que l'histoire en ait profité comme elle l'aurait dû. On est étonné que les archives des parlements soient ainsi oubliées, quand on se rappelle que ces tribunaux joignaient l'autorité politique à l'autorité judiciaire, et que leurs registres contiennent l'histoire la plus complète et la plus exacte des provinces depuis le XVIe siècle jusqu'à la fin du XVIIIe. L'exemple de M. Floquet, qui a tiré des registres du parlement de Normandie [1] l'histoire de cette province pendant les trois derniers siècles, n'a eu que bien peu d'imitateurs. Les correspondants doivent s'occuper immédiatement et avec persévérance du dépouillement de ces archives. L'analyse complète des registres parlementaires comblerait une des lacunes de l'histoire de France. Comment, en effet, retracer les troubles religieux du XVIe siècle, les agitations et les intrigues de la première moitié du XVIIe; comment exposer les résistances provinciales à l'influence administrative qui a transformé la France, si l'on ne connaît l'histoire de ces puissantes corporations judiciaires, qui furent d'abord un utile auxiliaire et plus tard un obstacle redoutable pour la royauté?

Archives et bibliothèques particulières. — Nous n'insisterons pas sur les archives et les bibliothèques particulières. On ne doit cependant pas oublier que beaucoup de familles ont conservé des *papiers terriers* et des correspondances historiques. Des lettres de Henri IV, de Vauban, de Catinat ont été retrouvées dans des archives et des bibliothèques particulières. Combien d'autres trésors

[1] *Histoire du parlement de Normandie*. Rouen, 1839-1849, 7 vol. in-8°.

y sont enfouis et exposés à des causes incessantes de destruction! Le comité ne saurait trop vivement engager les correspondants à s'enquérir des documents historiques que contiennent ces dépôts, et à lui en transmettre des copies ou du moins une analyse détaillée.

II.

INDICATIONS QUI DOIVENT ACCOMPAGNER LES COPIES TRANSMISES PAR LES CORRESPONDANTS.

Les correspondants doivent donner au comité les indications paléographiques qui déterminent l'âge, l'authenticité et le caractère des pièces communiquées. Ils trouveront dans le savant ouvrage que M. N. de Wailly a intitulé *Essais de paléographie*[1] tous les renseignements nécessaires pour rendre leurs notes paléographiques précises et complètes.

Ils doivent indiquer si l'ouvrage est écrit sur papier de coton ou de chiffe, sur parchemin ou sur papyrus d'Égypte. Si le manuscrit paraît fort ancien, ils en donneront un *fac-simile.* Dans le cas où le manuscrit ne serait pas daté, on examinera si les raies sur lesquelles s'appuient les lignes d'écriture sont tracées à la pointe sèche (avant 1200), au plomb (du XIe au XIVe siècle) ou en rouge (du XIVe au XVe siècle); si les *i* simples sont accentués (après 1200), ou pointés (après 1400); si l'*u* est surmonté d'un ou plusieurs accents aigus (du Xe au XIIe siècle); si les mots sont séparés entre eux ou non; si l'*æ* est formé d'un *a* et d'un *e* conjoints (avant 1200), ou d'un *e* simple (du XIIIe au XVe siècle), ou d'un *e* avec cédille (avant 1100); si les chiffres sont arabes (après 1200); à quelle distance les signatures des cahiers (si toutefois il y a des signatures) sont placées au-dessous de la ligne inférieure.

Pour les chartes, on aura soin d'indiquer si elles ont des sceaux; si les sceaux sont plaqués ou pendants; s'ils sont ronds ou ovales, en cire ou en pâte blanchâtre, verte ou rouge; si les attaches sont en soie ou en parchemin.

Il ne faudra jamais s'en rapporter uniquement au titre des manuscrits, ni à la table des matières; mais chaque manuscrit doit être parcouru pièce par pièce, feuille par feuille, page par page.

[1] Publié dans la collection des *Documents inédits relatifs à l'histoire de France*, 2 vol. in-4°.

On regardera avec attention les feuilles volantes, la reliure, les marges et les notes diverses qui peuvent avoir été ajoutées au commencement, à la fin ou dans le courant de l'ouvrage. Relativement aux collections de pièces, on distinguera les pièces détachées de celles qui sont inscrites sur des registres suivis.

Les dissertations, introductions historiques, morceaux intercalés pour relier des extraits de pièces, en un mot les travaux personnels, de quelque nature qu'ils soient, ne rentrent pas dans le cadre des renseignements que demande le comité. Des notes courtes et substantielles, portant principalement sur des noms de personnes ou de lieux et sur des usages locaux, devront seules accompagner les copies qui lui seront transmises.

INSTRUCTIONS

DU COMITÉ DE LA LANGUE, DE L'HISTOIRE ET DES ARTS DE LA FRANCE.

SECTION D'ARCHÉOLOGIE [1].

La section d'archéologie a pour mission de rechercher et de proposer la publication des documents inédits relatifs à l'histoire des arts de la France; d'inventorier les monuments religieux, militaires ou civils; de conserver, pour les temps à venir, au moyen du dessin ou de la gravure, les œuvres remarquables d'architecture, de peinture, de sculpture en pierre, en marbre et en bois; de préparer, enfin, les matériaux d'une histoire complète de l'art en France. Mais ces matériaux ne se rencontrent que rarement dans les livres et les manuscrits, et c'est, dans bien des cas, sur les monuments mêmes qu'il faut les recueillir. Le concours que la section d'archéologie réclame des correspondants du comité ne se borne donc pas, comme pour les sections de philologie et d'histoire, à l'exploration des documents écrits. Elle leur demande, en outre, de reproduire, par d'exactes descriptions, et autant que possible par des dessins, les objets que recommandent leur antiquité ou leur importance artistique. Par suite, une division toute naturelle se trouve tracée entre les deux sortes de communications qui appartiennent à la spécialité des travaux de la section d'archéologie : *Documents tirés d'anciens écrits; — notices et dessins de monuments, ou renseignements sur des découvertes.*

[1] Ces instructions ont été rédigées par M. de la Villegille, secrétaire du comité.

Ire CATÉGORIE.

DOCUMENTS MANUSCRITS.

Les instructions de la section d'histoire font suffisamment connaître, sans qu'il soit besoin de les signaler de nouveau, les différentes sources où peuvent puiser les correspondants. Les archives des établissements religieux, les registres des fabriques d'églises et des actes de l'état civil antérieurs à 1789, les mémoriaux ou registres des assemblées de ville et autres analogues, devront surtout être l'objet d'investigations spéciales de leur part. Ils y trouveront une foule de faits curieux, d'indications importantes, que la section se félicitera de pouvoir recueillir.

Les documents intéressants au point de vue de l'histoire des arts sont de genres très-divers, et il serait impossible de prétendre en donner une énumération complète : l'on ne peut donc, à cet égard, que jeter quelques jalons. En première ligne, doivent se placer les anciens inventaires des *trésors* d'église, où l'on trouve des descriptions, souvent fort détaillées, de reliquaires, de vases sacrés, d'ornements et vêtements sacerdotaux remontant à une époque reculée; les inventaires de princes ou riches particuliers présentent le même intérêt. Le comité des arts s'était toujours empressé de donner toute la publicité dont il pouvait disposer aux documents de cette nature, et le *Bulletin archéologique* en renferme un certain nombre. Tout récemment, le nouveau comité vient de témoigner, par une double résolution, qu'il attache une égale importance à ces catalogues d'armes, de vêtements, de meubles, de bijoux, etc. Il a décidé que les inventaires de Charles V et de Charles VI seraient l'objet d'une publication particulière, confiée aux soins de M. le comte Léon de Laborde, et destinée à faire partie de la collection des Documents inédits. Le comité a, en outre, fait choix de plusieurs autres inventaires pour être publiés dans la partie du premier volume de la nouvelle série des Mélanges réservée à la section d'archéologie.

Le dépouillement des registres des notaires doit également être recommandé aux correspondants. En effet, les renseignements que fournissent les inventaires se rencontrent aussi dans les contrats de mariage, les actes de donation, les testaments, etc. On trouvera pareillement quelquefois, dans des rapports d'experts, des descriptions d'objets mobiliers que leur exactitude rend précieuses.

Les comptes de dépenses, tels que ceux du château de Gaillon [1], les marchés et devis qui nous initient au prix des matériaux et à celui de la main-d'œuvre aux diverses époques, doivent encore être l'objet de sérieuses recherches de la part des correspondants. Les rédacteurs de ces sortes de documents entraient généralement dans de minutieux détails, propres à jeter du jour sur les procédés usités autrefois dans l'art d'élever les édifices, et à faire connaître la signification d'une foule de termes techniques dont le véritable sens est resté douteux. On y trouvera, enfin, la révélation des noms des habiles ouvriers qui ont concouru à l'érection des monuments, depuis l'architecte qui en a conçu la pensée première, jusqu'au simple tailleur de pierre qui a dégrossi le bloc informe. Le comité a adopté en principe la publication d'un volume in-4° destiné à mettre en lumière les documents inédits sur les anciens artistes de la France, qui seront envoyés par les correspondants.

Il serait superflu de faire ressortir l'extrême intérêt qu'offriraient des plans ou dessins de monuments remontant à l'époque où ceux-ci auraient été commencés. Les découvertes analogues déjà faites permettent d'espérer que l'exploration des collections manuscrites ne serait pas stérile à cet égard.

Musique. — Les manuscrits fournissent des documents d'un autre genre, que les correspondants sont invités à ne pas négliger : ce sont ceux qui peuvent donner des notions sur les connaissances musicales au moyen âge. Les uns renferment des traités plus ou moins complets, les autres des fragments de musique en anciennes notations. En ce qui concerne les premiers, ils devront être signalés, et la description qui en sera donnée devra être accompagnée d'extraits qui permettent d'apprécier la valeur de ces traités; pour les seconds, il sera indispensable d'adresser des *fac-simile,* soit que la notation se montre sous la forme de *neumes,* comme cela a lieu du VIIIe au XIIe siècle, soit qu'elle présente des notes carrées ou en losanges placées sur des lignes de nombre variable. La plus rigoureuse exactitude est recommandée dans l'exécution de ces copies. En effet, l'absence d'un *point,* la position mal

[1] *Comptes de dépenses de la construction du château de Gaillon,* 1 vol. in-4° et atlas in-f°, publiés par M. A. Deville dans la collection des Documents inédits.

observée de la *queue* d'une note suffisent pour rendre impossible la traduction de tout un morceau.

Ces échantillons d'anciennes notations ne se trouvent pas seulement dans le corps des manuscrits mêmes; souvent des fragments en ont été employés pour former les couvertures ou les gardes d'autres ouvrages.

Il faut aussi reproduire avec grand soin les lignes qui composent la portée, quels qu'en soient le nombre et les couleurs, et surtout ne pas négliger les lignes qui se trouvent souvent tracées à la pointe sèche dans l'épaisseur du vélin ou du papier.

Les miniatures des manuscrits renferment parfois des représentations d'instruments de musique qu'il sera pareillement utile de faire connaître par des dessins exacts [1].

Art militaire. — Le dépouillement de certaines archives, de celles des villes principalement, a eu différentes fois pour résultat de mettre au jour des renseignements précieux pour l'histoire de l'artillerie. Le comité ne saurait trop engager les correspondants à continuer d'y rechercher ce qui se rapporte à la défense des villes et des châteaux, aux machines de guerre en usage aux diverses époques. Ils recueilleront avec soin tout ce qui aura trait à l'invention de la poudre, à sa composition, aux premières mentions de son emploi, ainsi qu'à celui des armes à feu. Le Bulletin archéologique et le Bulletin des comités, qui lui a succédé, renferment de curieux exemples de ce genre de communications, tels que le règlement pour la défense de la ville et du château de Bioule [2], etc.

Miniatures et vignettes. — Les miniatures des manuscrits, indépendamment de leur valeur au point de vue de l'histoire de la peinture, aident puissamment à l'intelligence de certains textes : elles font connaître aussi les costumes, les ameublements, etc. Les indications de ces miniatures, les *fac-simile* que les correspondants pourront envoyer des plus curieuses d'entre elles seront accueillis avec intérêt par le comité. Il en sera de même pour les collections de dessins, telles que la série des portraits des capitouls contenus dans les registres des *Annales du capitoulat* conservés à Toulouse [3];

[1] Voir les *Instructions sur la musique*, publiées par le ministère de l'instruction publique.

[2] *Bulletin archéologique*, t. IV, p. 490.

[3] *Documents historiques inédits extraits de la Bibliothèque royale, des archives et des bibliothèques des départements, etc.*, 1841, in-4°; t. I, p. 154.

les dessins de Villard de Honnecourt [1], le recueil de portraits historiques de la bibliothèque d'Arras [2], les portefeuilles de Gaignières [3]. Indépendamment de ces recueils et de quelques autres qui ont déjà été signalés au comité, il en existe sans doute encore dans diverses archives ou bibliothèques.

Tels sont les points principaux pour lesquels l'exploration des archives et des manuscrits promet une abondante moisson; mais il est bien peu de branches de la science archéologique au profit desquelles on ne trouve aussi à y glaner avec succès. C'est une mine féconde d'où l'on pourra extraire de riches matériaux.

IIe CATÉGORIE.

NOTICES DE MONUMENTS OU RENSEIGNEMENTS SUR DES DÉCOUVERTES.

Le comité des arts avait été chargé, lors de sa création, « de dresser un inventaire complet, un catalogue descriptif et raisonné des monuments de tous les genres et de toutes les époques qui ont existé ou qui existent encore sur le sol de la France [4]. » Afin d'atteindre ce but, il a adressé à ses correspondants une série de questions sur les antiquités gauloises, romaines et du moyen âge. La disposition de ces questions rend les réponses faciles pour chaque commune, en même temps qu'elle établit entre les renseignements fournis une uniformité très-utile dans un travail de cette espèce. De la sorte, pourra se réaliser un jour cette pensée du comité de dresser une carte archéologique de la France, où les antiquités de toute nature seraient indiquées au moyen de signes conventionnels.

Beaucoup de correspondants ont répondu à l'appel du comité, qui possède déjà, pour un grand nombre de communes, les éléments de cette statistique générale des monuments de la France; mais il existe encore des lacunes considérables, et la section d'archéologie, en faisant un nouvel appel au zèle des correspondants, reproduit ici le tableau des questions auxquelles elle les invite à répondre.

[1] Publiés par M. Lassus.

[2] Vol. in-fol. mag., mss. du XVIe siècle. (Voir *Bulletin des comités, Archéologie*, t. IV, p. 11.)

[3] 16 vol. in-fol. mss. conservés à la Bibliothèque bodléienne d'Oxford. La Bibliothèque impériale, à Paris, possède également une riche collection de dessins de Gaignières.

[4] *Rapports au roi et pièces.*

QUESTIONS SUR LES ANTIQUITÉS GAULOISES, ROMAINES ET DU MOYEN ÂGE [1].

§ I. Monuments gaulois.

1° Existe-t-il dans la commune des pierres ou roches consacrées par une superstition populaire ?

2° Sont-ce des roches adhérentes au sol ou plantées en terre de main d'homme ?

3° Ces roches sont-elles de même nature que les pierres du pays ? et, dans le cas contraire, de quel lieu et de quelle distance peut-on supposer qu'elles aient été apportées ?

4° Quel nom portent-elles dans le pays ?

5° Quel est leur nombre ?

6° Quelle est leur hauteur ?
——— leur largeur ?
——— leur épaisseur ?

7° Ces roches sont-elles disposées en cercle ?

8° Posées en équilibre ?

9° Groupées deux par deux, réunies par une troisième superposée transversalement, de manière à former, soit une espèce de table, soit une allée couverte ?

10° A-t-on remarqué des dessins sur ces pierres ?

11° A-t-on fait des fouilles auprès d'elles ?

12° Qu'a-t-on trouvé ?

13° Existe-t-il des monticules faits de main d'homme ?

14° Les a-t-on fouillés ?

15° Qu'a-t-on trouvé ?

16° Existe-t-il des arbres ou des fontaines consacrés par des pratiques superstitieuses ?

17° A quelle distance de l'église ?

18° Existe-t-il des souterrains et y a-t-on trouvé des sépultures ?

19° Y a-t-il des traditions qui s'y rattachent ?

20° Existe-t-il de vastes excavations en forme de cônes tronqués renversés, désignées, dans quelques localités, sous le nom de *mardelles ?*

[1] Voir les divers cahiers d'instructions publiés par le ministère de l'instruction publique : *Instructions sur l'architecture antique, gallo-romaine, etc.* ; — *Instructions sur l'architecture du moyen âge* ; — *Instructions sur l'architecture militaire.* Voir aussi l'*Iconographie chrétienne*, par M. Didron, 1 vol. in-4°, et les *Instructions sur l'architecture monastique au moyen âge*, par M. Albert Lenoir, 2 vol. in-4°.

21° A-t-on trouvé des espèces de coins ou hachettes en pierre siliceuse ou en métal? des pointes de flèche ou de lance? des instruments ou ornements de diverses sortes? des monnaies? des poteries?

§ II. Monuments romains.

1° Trouve-t-on dans la commune quelques fragments d'une ancienne chaussée passant dans le pays pour une voie romaine, ou portant, soit les noms de chemin de César, de chaussée Brunehaut, soit toute autre dénomination qui emporte l'idée de son ancienne importance et d'une origine plus ou moins reculée?

2° Quelle est la direction de cette chaussée? Jusqu'où en suit-on la trace? Quelle portion de la commune traverse-t-elle?

3° Quel nom lui donne-t-on dans le pays?

4° Quelles traditions se rattachent à sa construction?

5° Quels sont les noms des hameaux, fermes ou *lieux-dits* qu'elle traverse?

6° Aurait-on trouvé, le long de ces chaussées, particulièrement sous des croix ou dans les fondations de quelque édifice religieux, des colonnes à peu près semblables aux pierres milliaires de nos grandes routes, et portant une inscription? Que peut-on lire de cette inscription?

7° Remarque-t-on des mouvements de terrain réguliers formant enceinte, et connus ou non sous la dénomination de camps romains ou camps de César?

8° La chaussée, s'il en existe, aboutit-elle à cette enceinte?

9° Existe-t-il quelque localité à laquelle se rattache la tradition d'un ancien champ de bataille? Cette tradition est-elle appuyée sur des faits authentiques, sur un nom significatif, sur quelques vestiges de retranchements, ou sur des armes, ossements, sépultures ou autres objets qu'on y aurait trouvés?

10° Trouve-t-on dans les champs, à l'époque des labours, des fragments de poterie rougeâtre, des tuiles ou briques, entières ou par morceaux, d'une pâte très-fine et d'une extrême dureté.

11° Trouve-t-on des instruments de toute nature, des médailles ou monnaies, des débris d'armes, des agrafes, des épingles de bronze avec ou sans ressorts, des anneaux, des clefs courtes et grossières, des verroteries, de petits cubes de pâte rouge, noire, blanche ou jaunâtre, propres à former des mosaïques, de petites figures d'hommes ou d'animaux en bronze ou en argile cuite?

12° Remarque-t-on, soit à fleur de terre, soit par suite de fouilles, des fragments d'anciennes murailles très-épaisses, revêtues de petites pierres carrées formant un appareil régulier et interrompu de distance en distance par des couches de grandes briques plates?

13° Quelle est la forme de ces constructions? Sont-elles en ligne droite ou suivent-elles une direction circulaire ou semi-circulaire?

14° Trouve-t-on des autels, des fragments de marbre, des inscriptions, des monnaies, des statues, des fûts de colonnes, des chapiteaux, des morceaux de sculpture, soit en pierre, soit en bronze?

15° A-t-on trouvé, dans des lieux aujourd'hui non consacrés au culte, des cercueils en pierre, en plâtre, en terre cuite, placés isolément ou en groupes? Quelle est leur direction et la nature de la pierre? Qu'a-t-on trouvé dedans? Portent-ils des ornements, des figures ou des inscriptions? Paraissent-ils avoir été déjà fouillés? A-t-on trouvé des urnes cinéraires en terre ou en verre?

§ III. Monuments du moyen âge.

1° Existe-t-il dans la commune une ou plusieurs églises? Quels sont les saints patrons sous l'invocation desquels elles sont placées?

2° Entre-t-on immédiatement dans ces églises, ou existe-il un porche en dedans ou en dehors du portail?

3° Existe-t-il des chapelles isolées, des chapelles souterraines ou cryptes?

4° Quelle est la dimension de chaque église?

——— sa longueur (dans œuvre)? Sa largeur (*idem*)?

5° Est-elle en forme de croix?

6° L'église est-elle surmontée d'une ou de plusieurs tours? Sur quelle partie de l'édifice ces tours sont-elles placées? Quelle est leur forme? Sont-elles rondes, carrées, octogones? Renferment-elles un escalier? De quelles formes sont les fenêtres ou autres ouvertures? Se terminent-elles par une plate-forme? Sont-elles surmontées d'un toit ou d'une flèche? Ce toit ou cette flèche sont-ils en pierre ou en bois? Recouverts en plomb, en ardoises ordinaires ou découpées, en tuiles ou en bardeaux.

7° Au dehors le chœur se termine-t-il carrément ou en hémicycle? Est-il entouré de chapelles? Ces chapelles semblent-elles construites à la même époque que le chœur, ou bien ont-elles été ajoutées?

8° Quel est le mode de construction, en grand ou petit appareil? Y remarque-t-on des portions en petites pierres carrées (ordinairement en tuf), ou bien, de place en place, des assises de grandes briques plates?

9° Y a-t-il, à l'intérieur, des piliers ou des colonnes? Combien y en a-t-il de rangs?

10° Les piliers sont-ils carrés, cylindriques ou composés d'un faisceau de colonnes?

11° Ces piliers ou colonnes sont-ils ornés de chapiteaux sculptés?

12° Existe-t-il au-dessus des chapiteaux, à la naissance des arcs, des traces d'un chaînage provisoire destiné à retenir le pilier pendant la construction, et que l'on supprimait après l'achèvement du travail, soit en coupant la petite pièce de bois horizontale, soit en décrochant la barre de fer placée dans des anneaux?

13° Que représentent les sculptures de ces chapiteaux? Sont-ce des hommes, des animaux, des broderies ou des feuillages? Peut-on distinguer à quelles plantes appartiennent ces feuillages?

14° Les bases des colonnes sont-elles plates ou élevées? sont-elles ornées? Y a-t-il dans leurs angles des sortes de griffes ou pattes?

15° De quelle forme sont les fenêtres? Se terminent-elles carrément, en cintre, en ogive ou en accolade?

16° Quelle est la proportion de ces ouvertures?

17° Les arcs des fenêtres sont-ils reçus par des colonnes?

18° Les fenêtres sont-elles séparées intérieurement par des meneaux en pierres? Ces divisions sont-elles verticales, contournées ou circulaires?

19° Les voûtes de l'église sont-elles cintrées ou en ogive? En petits moellons de pierre ou en blocage? Sont-elles peintes ou seulement blanchies? Les arêtes des voûtes sont-elles saillantes? Leurs nervures sont-elles anguleuses ou arrondies? Se terminent-elles à leur point de jonction par des clefs ornées ou des clefs pendantes?

20° Les murs sont-ils soutenus par des contre-forts? Ces contreforts sont-ils adhérents aux murailles? En sont-ils éloignés et les soutiennent-ils au moyen d'arcs-boutants? Sont-ils simples ou ornés de sculptures?

21° Au lieu de voûtes, y a-t-il simplement un plafond ou un

lambris appliqué sur des cerces en bois correspondant aux chevrons? Les entraits ou les poutres sont-elles apparentes? Sont-elles peintes, sculptées ou tout unies?

22° Les portes de l'église sont-elles carrées, cintrées ou en ogive? Les voussures sont-elles soutenues par un ou plusieurs rangs de colonnes? Entre les colonnes y a-t-il des figures? Que représentent les chapiteaux de ces colonnes? Les portes n'ont-elles qu'une seule ouverture, ou un pilier les divise-t-il par le milieu? Au-dessus de l'ouverture ou des deux ouvertures, y a-t-il un bas-relief? Que représente-t-il? De quelle dimension sont les figures? Existe-t-il des zodiaques le long des pieds-droits des portes?

23° Le toit de l'église est-il plat ou aigu, recouvert en bardeaux, en tuiles, en ardoises ordinaires ou découpées, ou en plomb? Trouve-t-on, soit sur le comble, soit simplement sur quelque ancienne lucarne, des restes d'ornements en plomb moulés ou repoussés au marteau?

24° Quelle est la forme de la corniche ou couronnement? Quelle est celle des parapets ou galeries à jour placés au-dessus? La corniche est-elle portée par de petites pierres carrées terminées par des figures ordinairement monstrueuses d'hommes ou d'animaux, par de petites arcades, ou par des espèces de consoles ou modillons? L'assise placée au-dessous est-elle décorée de trèfles, de quatre-feuilles ou d'autres ornements en creux? Consiste-t-elle simplement en un assemblage de moulures superposées, ou bien quelques-unes de ces moulures sont-elles décorées d'ornements sculptés?

25° Quel est l'ancien système d'écoulement de eaux? Existe-t-il des gargouilles ou des tuyaux en pierre ou en plomb au droit de la corniche?

26° Les arcs-boutants sont-ils couronnés par un caniveau destiné à rejeter au dehors les eaux du grand comble?

27° Y a-t-il, soit dans l'église, soit extérieurement, et particulièrement dans les voussures des portes, des statues en pierre?

28° Y a-t-il à l'intérieur, soit contre les murailles, soit au-dessus des autels, des rétables en albâtre ou en bois, composés de statuettes peintes ou dorées, superposées les unes aux autres, et représentant des scènes de l'Écriture sainte?

29° Les vitres sont-elles en verre blanc ou en verre coloré? Y distingue-t-on des personnages? Quelle est la grandeur de ces personnages? Se détachent-ils sur un fond composé d'ornements ou sur des fonds de paysage et d'architecture? Y a-t-il sur le vitrail des inscriptions en latin ou en français? Donnent-elles le nom du peintre et la date de l'exécution? Envoyer des copies de ces inscriptions.

30° Ces vitraux sont-ils composés de panneaux encastrés dans des armatures de fer composées de barres perpendiculaires les unes aux autres, ou formant des dessins variés?

31° Trouve-t-on des calendriers, des tables pascales, etc., gravés sur les murs de la nef ou du chœur? Y a-t-il d'anciens cadrans solaires à l'extérieur, soit sur les murs de l'église, soit sur les contre-forts?

32° Si les murailles et les piliers sont recouverts de chaux ou de badigeon, ne peut-on pas soulever cet enduit dans quelques endroits, et ne retrouve-t-on pas sur la pierre des traces d'anciennes peintures? Est-il possible de reconnaître si ces traces appartiennent à des peintures exécutées par les procédés de la fresque ou autrement? Y trouve-t-on des restes d'anciennes incrustations de verre, ou des pâtes saillantes?

33° Quelle forme affectent les fonts baptismaux? Sont-ils ornés de sculptures?

34° Les stalles du chœur ou la chaire à prêcher sont-elles sculptées? En bois ou en pierre?

35° Existe-t-il dans l'église ou dans les chapelles des restes de pavements en terre cuite émaillée?

36° Trouve-t-on dans l'église de grandes dalles de pierre ou de marbre servant de pavé, et sur lesquelles sont tracées des figures d'hommes ou de femmes, d'ecclésiastiques ou de chevaliers? L'inscription qui doit entourer ces figures est-elle lisible? Peut-on la copier? La gravure est-elle remplie de mastic de diverses couleurs ou de plomb? Quels sont les sujets représentés?

37° Existe-t-il dans l'église d'autres sortes de tombeaux avec ou sans statues, avec ou sans inscription?

38° A-t-il existé dans la commune une ancienne abbaye ou un ancien couvent? De quel ordre? Sous quelle invocation? Reste-t-il quelques fragments des bâtiments conventuels? Le cloître subsiste-t-il?

39° Trouve-t-on dans les carrefours ou dans le cimetière des croix de pierre? Quelle est leur dimension? Sont-elles ornées de sculptures?

40° S'il existe des chapelles isolées, sont-elles voisines de quelque fontaine fréquentée par les malades? S'y rapporte-t-il quelque légende? Y va-t-on en pèlerinage? Ces pèlerinages ont-ils surtout lieu le jour ou la veille de la fête du saint? Quels usages locaux et cérémonial singulier y remarque-t-on? Quel genre de malades s'y rendent particulièrement? Y trouve-t-on d'anciens *ex-voto?*

41° Existe-t-il dans la commune un ancien château? Est-il fortifié, entouré de fossés? Est-il en ruines ou en bon état d'entretien, habité ou abandonné?

42° S'il est fortifié, les tours sont-elles rondes, carrées, triangulaires ou d'autres formes? Sont-elles tronquées par le haut ou couronnées de créneaux? Avec ou sans machicoulis? Y a-t-il un donjon? Y a-t-il des souterrains? Y trouve-t-on de ces espèces de puits désignés sous le nom d'*oubliettes*[1]?

43° De quelle forme et de quelle dimension sont les fenêtres? Sont-elles simples ou décorées?

44° A l'intérieur les cheminées sont-elles grandes? Sont-elles ornées de sculptures en pierre, en marbre ou en bois? Les plafonds et les lambris sont-ils peints ou sculptés? Voit-on sur les murailles des traces d'anciens blasons? Quels étaient les propriétaires avant 1789? Les vieillards de la commune savent-ils quelque tradition relative au château?

45° Existe-t-il dans la commune quelque autre maison ornée de peintures, de sculptures ou de décorations, soit en bois, soit en pierre? L'hôtel de ville est-il surmonté d'un beffroi?

46° Parmi les constructions rurales, telles que moulins, colombiers, granges, bergeries, etc., en est-il qui se fassent remarquer par leur architecture?

47° Trouve-t-on sur le territoire de la commune des traces des anciennes fourches patibulaires?

48° Existe-t-il encore des bornes de délimitations seigneuriales accompagnées d'emblèmes? Des inscriptions de censives se sont-elles conservées sur des bâtiments?

49° Connaît-on l'existence, soit dans le château, soit dans l'église, soit partout ailleurs, de quelque tableau, tapisserie, an-

[1] L'on devra se tenir en garde contre le préjugé populaire qui suppose, presque sans restriction, l'existence d'*oubliettes* dans toutes les constructions du moyen âge.

cien meuble sculpté, titres ou archives, médailles, portraits de famille, reliquaires, ornements d'autel, et de tous autres objets remontant à une époque plus ou moins reculée?

Indépendamment de ces rudiments d'une statistique archéologique générale, le comité recommande l'exécution de statistiques locales plus restreintes dans leur objet, de même que celle des monographies de monuments. Il insiste surtout sur l'utilité de joindre aux unes et aux autres des dessins et des plans. Un dessin exact, lors même qu'il ne serait pas irréprochable au point de vue de l'art, fournira toujours des données utiles sur le monument qu'il retrace. Ces dessins devront, en outre, être en nombre suffisant pour faire connaître tous les détails intéressants. Ce nombre ne saurait être fixé à l'avance pour les statistiques. La monographie d'un monument doit être, au moins, accompagnée d'un plan, d'une coupe et d'une élévation.

L'échelle des dessins des statistiques a été fixée par le comité à trois millimètres pour mètre, pour les plans et coupes, et à six millimètres pour les élévations et détails. Quant à l'échelle des monographies, elle est nécessairement subordonnée à l'importance du monument et au plus ou moins de délicatesse de ses détails.

Les monographies doivent, avant tout, offrir des descriptions matérielles. L'histoire du monument n'y occupera qu'une place secondaire et restreinte.

Noms d'artistes. — Les noms des artistes ne se rencontrent pas seulement dans les marchés et comptes de dépenses; on les trouve encore sur les édifices. Souvent une inscription placée sur un monument, parfois même dans un endroit peu en évidence, comme à Saint-Surin de Bordeaux, à Notre-Dame de Paris, à la cathédrale d'Amiens, etc., indique la date d'une construction ou d'une réparation, et fait connaître, en même temps, le nom de celui qui a dirigé les travaux. Les noms des peintres verriers sont fréquemment inscrits sur les verrières sorties de leurs ateliers, ainsi qu'on le voit à Rouen, à Auch, à Metz, etc. Quelquefois aussi, comme il arrive à Reims, à Niederhaslach, à Rouen, à Caudebec, etc., l'architecte d'une église y a reçu la sépulture, et son épitaphe mentionne les différentes parties du monument qu'il a fait bâtir.

Signes lapidaires. — Les correspondants sont également invités à relever avec soin les signes lapidaires si multipliés et si variés qui se voient gravés sur les pierres des édifices. Parmi ces dessins, quelques-uns doivent être regardés comme des signes d'appareilleurs, comme des indications de la place que chaque pierre était appelée à occuper. D'autres fois, ce ne sont que des marques d'ouvriers, espèces de signatures apposées par un tailleur de pierre pour distinguer son œuvre de celle de son compagnon d'atelier[1]. Quoi qu'il en soit, les marques de construction que portent les matériaux méritent également d'être étudiées sous ces deux points de vue. Elles peuvent servir à déterminer la date probable de telle ou telle partie d'un édifice, de même que les rapprochements qu'elles permettront d'établir entre des types identiques employés dans des contrées très-diverses et séparées par de grands intervalles, fourniront souvent la matière d'utiles inductions.

On trouvera aussi dans quelques monuments, soit sur le pavé, soit le long des murs, des profils de moulures, des épures de parties diverses de l'édifice. Ces dessins d'architecture se recommandent au même titre que les plans manuscrits conservés dans les bibliothèques ou dépôts d'archives.

Inscriptions. — Une des publications les plus importantes que prépare le comité, est celle d'un recueil des inscriptions trouvées sur le sol de la Gaule. Le travail préparatoire qui a pour objet de rassembler les inscriptions rentre plus particulièrement dans les attributions de la section d'archéologie ; c'est donc à celle-ci à donner aux correspondants les instructions qui leur sont nécessaires pour pouvoir concourir efficacement à la composition de cette grande collection.

Le recueil des inscriptions de la Gaule ne doit comprendre, en principe, que les inscriptions recueillies sur le territoire de la Gaule ancienne. Néanmoins, il ne faudra pas que les correspondants placés sur les limites des contrées qui y confinaient se conforment trop rigoureusement à cette prescription.

Le recueil des inscriptions admettra trois divisions principales :

La première comprendra les inscriptions de la période romaine ;

[1] Voir *Bulletin archéologique*, t. I, p. 141, et t. IV, p. 221.

La deuxième s'étendra depuis l'établissement de la monarchie des Francs jusqu'à l'an 1328, date de l'avénement de Philippe de Valois;

La troisième depuis 1328 jusqu'à la fin du XVIe siècle, en la réduisant aux inscriptions qui offrent un intérêt archéologique, ou qui fournissent un renseignement historique.

Les correspondants sont invités à commencer de préférence par les inscriptions de la période romaine, et à choisir avant tout, parmi ces inscriptions, celles qui courent risque de s'altérer. Au reste, ils feront toujours une chose utile en prenant des estampages de toutes les inscriptions, de celles même qui ne devraient pas trouver place dans le recueil.

Les lettres d'envoi qui accompagneront les estampages devront contenir les indications suivantes : l'emplacement primitif de l'inscription, s'il est connu; le lieu où elle est déposée; la matière sur laquelle elle est gravée; les dimensions de cette matière en mètres et subdivisions du mètre. Les correspondants sont priés, en outre, d'ajouter les renseignements qu'ils croiraient utile de faire connaître, notamment la mention des ouvrages dans lesquels chaque inscription aurait été publiée.

Il se présente quelques circonstances dans lesquelles il est à peu près impossible de prendre des estampages, et où les inscriptions peuvent cependant être facilement lues; c'est ce qui arrive, par exemple, lorsque les inscriptions sont gravées sur du granit ou sur des pierres très-frustes. Les correspondants auront donc à joindre des transcriptions aux estampages qu'ils adresseront. Ils sont invités à consigner ces transcriptions sur autant de feuilles de papier séparées qu'il y aura d'inscriptions; à les tracer en lettres semblables à celles de l'inscription; à figurer les abrévations, sans compléter les syllabes ou les mots; à n'ajouter aucun signe de ponctuation; en un mot, à reproduire ce qui existe sur l'inscription même, sauf à mettre en note les explications qu'ils jugeraient nécessaires. Il sera utile aussi qu'ils reproduisent, dans des dessins exacts, les figures, symboles ou ornements qui se rapporteraient au texte de l'inscription et pourraient en faciliter l'intelligence.

Les inscriptions seront publiées dans le recueil avec les noms des correspondants.

Les procédés de moulage sont très-multipliés. Les plus usités sont l'estampage au frottis et l'estampage foulé. Le moulage, soit avec la terre glaise, soit au moyen du plâtre, doit être évité autant que possible, car il écaille la pierre, émousse les ciselures et cause un dommage irréparable aux monuments.

Estampage au frottis. — Ce procédé consiste à étendre sur l'inscription des feuilles de papier fin, bien collé, pour que ce papier puisse résister, tout en pénétrant dans les creux. On frotte le papier ainsi étendu avec un tampon de vieux feutre, ou de cuir imprégné légèrement ou simplement sali de mine de plomb très-peu huilée. Les parties saillantes se noircissent, au frottement du tampon, et les parties creuses restent blanches.

Ce mode d'estampage lui-même est regardé comme dangereux par quelques personnes, en raison de l'huile qu'on y emploie et qui altère plus ou moins la pierre. Un perfectionnement qui y a été apporté n'offre pas le même danger. On étend sur la pierre gravée du papier quelconque, collé ou non, mince ou épais, résistant ou flexible. On passe ensuite sur le papier un tampon de cuir blanc, non chargé de mine de plomb; le tampon estampe le papier et le fait entrer dans les creux. Après cette opération, on charge un tampon noir d'une petite couche de mine de plomb, dont on fait une pâte assez ferme avec un peu d'huile, et on le promène également sur toute la surface du papier. Les parties creuses, les entailles, restent en blanc puisque le papier s'y est enfoncé et que le tampon passe par-dessus; mais le reste se teint en noir. Si les inscriptions sont en relief, ce sont les dessins qui se teignent en noir sur un fond blanc. Il sera bon, toutefois, si l'on se sert de papier épais et résistant, de l'humecter légèrement avec l'éponge, afin de le faire mieux pénétrer dans les creux; la mine de plomb s'attache, en outre, plus fortement au papier humide [1].

Mais l'estampage foulé est peut-être plus simple et plus commode encore à mettre en usage. Les résultats qu'on en obtient sont d'ailleurs des plus satisfaisants. Voici comment on procède :

Estampage foulé. — Pour estamper par ce procédé les inscriptions gravées en creux ou en relief, on devra se pourvoir, 1° d'une éponge ou tampon; 2° d'une brosse douce.

[1] On peut, à défaut de mine de plomb, employer la pierre noire, la brique pilée, etc.

Le papier doit être épais, s'il s'agit d'estamper des caractères profondément gravés. Habituellement le papier ordinaire d'impression suffit. Dans quelques cas, enfin, on pourra se servir de papier végétal double ou triple, selon la profondeur des empreintes que porte la pierre; mais, en général, il faut éviter l'usage du papier collé, qui s'imbibe lentement, et dont le retrait élargit considérablement les formes dont il doit conserver l'image.

Le papier que l'on veut employer peut être mouillé au recto et au verso, jusqu'à ce que l'humidité ait pénétré dans l'intérieur; alors on passera l'éponge sur la face qui recevra l'empreinte. Il peut suffire de mouiller le papier par le côté qui ne doit pas être appliqué sur la pierre.

Avant d'appliquer le papier sur l'inscription, on la nettoiera avec un grand soin, afin d'enlever la terre, le sable ou toute autre matière qui pourrait en empâter la surface ou seulement quelques détails. Ceci fait, 1° on étendra la feuille de papier mouillée, pour qu'elle ne forme ni pli ni boursouflure sur l'objet que l'on doit mouler; 2° on frappera d'abord avec l'éponge ou le tampon, puis, s'il est nécessaire, une seconde fois avec la brosse, droit et régulièrement, en commençant par l'angle gauche du bord supérieur, en suivant la même ligne horizontale, et en descendant graduellement de la même manière, de façon à chasser devant soi, vers le bas, les globules d'air et l'excédant d'humidité qui pourraient se trouver entre le papier et la surface dont on veut avoir une empreinte exacte. Si, dans cette opération de frappage, qui doit être exécutée sans délai, la feuille de papier, appliquée sur un plan vertical, venait à se détacher, il faudrait recommencer avec ce même papier, qui, mouillé de nouveau, et déjà réduit en une espèce de pâte, par le premier frappage, n'en sera que plus propre à remplir l'emploi auquel il est destiné.

L'empreinte, bien séchée sur l'original (s'il se peut), peut être ensuite roulée et transportée facilement et sans éprouver aucune altération, si l'on a le soin de la garantir du mouillage. On peut aussi passer dans le creux des lettres un trait de crayon rouge ou noir, pourvu que cette opération ne soit pas faite sur le monument même, qu'elle pourrait détériorer.

On n'oubliera pas d'imbiber longuement et largement les corps qui absorbent rapidement l'humidité, tels que les calcaires, la terre cuite, le stuc, etc. La même précaution doit être prise pour les surfaces échauffées par le soleil.

Quand le monument offrira de trop grandes dimensions pour être couvert par une seule feuille de papier, on pourra l'estamper en deux ou trois bandes, soit horizontales, soit verticales, en ayant soin que dans cette division aucune ligne, aucune lettre, n'échappe à l'opération de l'estampage.

Si, pendant qu'on mouille avec l'éponge ou qu'on frappe avec la brosse, le papier se crève, on peut mettre une pièce sur la partie ouverte; on mouille la pièce jusqu'à ce qu'elle fasse pâte avec la feuille entière et s'y soude. Elle adhère en séchant, et fait un tout avec la pièce lorsqu'on la retire.

Pierres tumulaires. — Le moulage, par l'un ou l'autre procédé, devra aussi être employé à relever un genre de monument qui forme une catégorie à part dans les inscriptions lapidaires. Ce sont les pierres tombales, dont un si grand nombre sert encore aujourd'hui à daller le sol de nos églises. Généralement elles offrent une représentation du défunt, encadrée dans une légende. Celle-ci fait connaître le personnage, ses titres, etc.; le dessin fournit des données pour l'histoire des costumes, indique les insignes propres aux diverses professions. Le comité saura gré aux correspondants toutes les fois qu'ils enverront des empreintes de ces tombes. Il les engage même, lorsqu'ils en auront la possibilité, à faire déplacer dans ce but les pierres tumulaires qui auraient été retournées pour être employées à un usage quelconque.

Enfin, il est bon de faire remarquer, en terminant ce qui regarde les inscriptions, qu'un certain nombre de ces monuments, dont les originaux ont disparu, se trouvent mentionnés dans des recueils manuscrits. Dans le cas même de la conservation de l'inscription originale, souvent la dégradation de la pierre rend la lecture difficile. Le texte conservé par le manuscrit vient encore en aide dans cette circonstance. De toute façon, l'indication des recueils manuscrits d'inscriptions sera un fait important à noter.

Vêtements et meubles ecclésiastiques. — Le comité des arts s'était occupé de recueillir tous les renseignements qu'il pourrait se procurer sur les *ornements ecclésiastiques et l'ameublement des églises*, afin d'en faire l'objet de publications spéciales [1]. La section d'ar-

[1] *Bulletin archéologique*, t. IV, p. 476.

chéologie, reprenant ce projet, résume de nouveau, dans les demandes suivantes, les points principaux sur lesquels elle désire être éclairée.

QUESTIONS RELATIVES AUX MONUMENTS ECCLÉSIASTIQUES
ET À L'AMEUBLEMENT DES ÉGLISES.

1° Existe-t-il dans la commune des vêtements ecclésiastiques anciens, tels que chasubles, chapes, dalmatiques, aubes, ceintures, manipules, etc.?

2° S'est-il conservé quelques insignes des dignités ecclésiastiques, des étoles, des mitres, des anneaux, des gants à plaques gravées ou émaillées, des agrafes, des boutons de chape, des crosses abbatiales ou épiscopales, des bâtons de chantre, des chaussures à l'usage des évêques, des chapeaux de cardinaux, comme on en voyait suspendus dans les églises, en mémoire de prélats qui avaient fait partie du sacré collège?

3° De quel tissu sont formées les étoffes?

4° Les étoffes paraissent-elles de fabrication nationale ou étrangère?

5° A-t-on quelques données précises, ou au moins quelques traditions sur les fabriques d'où ces étoffes seraient sorties, et sur les artistes qui auraient concouru à leur confection?

6° Le tissu présente-t-il des inscriptions ou de simples marques? Dans le cas où des caractères y seraient tracés, peut-on leur trouver un sens, ou doit-on les considérer comme des imitations de caractères figurés sur des étoffes d'origine étrangère?

7° Quels sont la forme, la coupe, le mode d'assemblage, la couleur de chacune des parties des anciens vêtements sacerdotaux? Sont-elles enrichies d'orfrois ou accompagnées de plages?

8° Trouve-t-on dans quelques églises des nappes et des parements d'autels, des voiles de calice, des pales, des corporaux, des bourses d'origine ancienne, des courtines et des tapisseries destinées à la clôture du sanctuaire ou à la décoration des murailles pour les jours de grandes solennités? Sait-on quelles étaient les couleurs affectées aux différentes fêtes et cérémonies, et depuis quelle époque cette distinction est en usage dans le pays?

9° Les vêtements ecclésiastiques conservés passent-ils pour avoir appartenu à quelque personnage célèbre? Sont-ils l'objet d'une vénération particulière ? Le clergé s'en sert-il habituellement, ou les réserve-t-il pour quelques fêtes patronales?

10° Ces vêtements sont-ils simples ou ornés? Les ornements font-ils partie intégrante de l'étoffe, ou sont-ils seulement appliqués? En quoi consistent-ils? Sont-ce des feuillages, des animaux, des figures humaines? Offrent-ils un sens symbolique facile à saisir?

11° Les règles de l'iconographie sacrée ont-elles été suivies dans la disposition des personnages figurés et dans le choix de leurs attributs?

12° A-t-on connaissance d'étoffes anciennes découvertes dans des tombeaux, ou employées dans des châsses comme enveloppes de reliques?

13° Existe-t-il des confréries qui fassent usage d'un costume et d'insignes particuliers? A quelle époque ont-ils été empruntés?

14° Se sert-on, dans les processions ou dans quelque autre cérémonie, de vêtements, de costumes ou même de masques et de mannequins pour représenter des personnages de l'Ancien ou du Nouveau Testament?

15° Quelques églises sont-elles demeurées en possession de vêtements ou de linges considérés comme des reliques, en raison des personnages auxquels ils auraient appartenu? Les fait-on toucher aux malades, et leur attribue-t-on quelque vertu miraculeuse?

16° Est il resté quelques débris des objets autrefois employés à la décoration des autels, et particulièrement de ceux qui servaient à la célébration du sacrifice eucharistique?

17° De quelle matière et de quelle forme sont les calices, les burettes, les plateaux, les aiguières, les patènes, les ostensoirs, les ciboires anciens? Quel en est le système d'ornementation?

18° Y a-t-il, dans l'ancien mobilier de l'église, des croix, des chandeliers, des candélabres, des lampes, des couronnes de lumière, des autels portatifs, des pierres sacrées enchâssées et conservées à part, des tabernacles, des reliquaires spécialement destinés à la parure de l'autel, des plaques historiées qui auraient été employées à la décoration du devant de l'autel ou du rétable? Conserve-t-on des châsses importantes? sont-elles l'objet d'exposition, d'ostension ou de processions remarquables?

19° Connaît-on des crosses ou des colombes employées à la

suspense du saint sacrement; des pyxides pour les hosties consacrées ou pour les saintes huiles; des appareils ou des vases autrefois en usage pour la communion sous les deux espèces; des fers pour la confection des pains d'autel; des paix, des clochettes, des flabellums, des navettes, des encensoirs? Peut-on citer des exemples anciens de cartons d'autel et de pupitres pour la pose du missel?

20° S'est-il conservé des meubles en bois ou en fer employés au moyen âge dans les cérémonies funèbres, soit à porter les cercueils, soit à les entourer de lumières?

21° Reste-t-il d'anciennes cloches avec ou sans inscriptions? Envoyer des estampages de ces inscriptions?

22° Conserve-t-on des crécelles ou des symandres destinées à remplacer les cloches pendant la semaine sainte?

23° S'est-il conservé dans l'usage des expressions particulières pour exprimer les costumes, vases et ornements ecclésiastiques, etc.?

24° A défaut d'objets conservés en nature, pourrait-on relever dans les inventaires des anciens trésors quelque description précise et complète de costumes ou d'ustensiles sacrés, remarquables par leur forme et par leur antiquité?

Enfin la section adresse encore aux correspondants une dernière série de questions relatives aux attributs des saints.

Attributs des saints [1].

1° Quels sont les saints représentés dans le pays avec des attributs caractéristiques?

2° Quels sont ces attributs? quelle est la plus ancienne époque où l'on trouve des exemples de chacun d'eux? ne sont-ils pas quelquefois isolés et indépendants de la représentation du saint?

3° Quels sont les saints invoqués actuellement dans le pays ou qui l'étaient autrefois pour un objet spécial, tel que les maladies et les diverses nécessités des fidèles?

[1] On entend par attribut un objet matériel quelconque, placé ordinairement près d'un saint ou porté par lui. On peut étendre la signification de l'attribut à l'attitude, aux vêtements, à la chevelure, à la barbe, en un mot à tous les caractères que l'on peut regarder comme distinctifs.

4° Quelle est la forme du culte que l'on rend aux saints? Quel est le jour de leur fête?

5° Quels sont les lieux et les monuments où ce culte leur est rendu? quels en sont le rite et les pratiques? quelle est la forme des pèlerinages? quelles sont les traditions populaires qui s'y rattachent?

6° Quels sont les saints particuliers du pays? en sont-ils originaires?

7° Quels sont leurs noms en latin, en français et dans la langue ou le patois du pays?

8° Quels sont les patrons des églises, des diocèses, des villes, des confréries, des corporations d'art, des corps de métiers ou d'états?

9° Existe-t-il dans le pays des objets entourés d'une vénération particulière, et donnant lieu à des pratiques religieuses ou superstitieuses?

Après avoir indiqué les points principaux sur lesquels elle fait porter ses recherches, la section d'archéologie ajoute qu'elle accueillera avec empressement les communications de toute nature qui lui parviendront sur les matières de sa compétence. Plans et anciens *pourtraicts* de ville, archéologie navale, céramique, descriptions de pavés peints ou émaillés, de mosaïques, de vitraux, de peintures murales, etc.; en un mot, tout ce qui intéresse à un degré quelconque l'histoire des arts, est du ressort de la section d'archéologie.

Chaque fois que des découvertes auront lieu dans leur voisinage, les correspondants sont invités à en informer aussitôt le comité. Lorsqu'il s'agira de médailles ou de monnaies, ils en indiqueront le nombre, et constateront la proportion dans laquelle se sont rencontrés les divers types. En décrivant les pièces, ils feront connaître le poids de chacune, leur matière, leur degré d'*user;* ils noteront soigneusement les additions de lettres, de chiffres, de symboles qui distinguent les diverses variétés. Cette attention à tenir compte des détails les plus insignifiants en apparence peut souvent conduire à fixer des doutes, à déterminer des dates, etc.

En attendant la publication des instructions générales sur la numismatique, que prépare M. le marquis de la Grange, les correspondants trouveront dans la liste ci-jointe l'indication des principaux ouvrages de numismatique qui pourront les aider à reconnaître la nature des monuments monétaires qui arriveront à leur connaissance.

Médailles antiques.

Eckhel, *Doctrina numorum veterum.* Vindobonæ, 1772-98, 8 vol. in-4°, fig.

Rasche, *Lexicon universæ rei numariæ veterum, etc.* Lipsiæ, 1785-1805, 7 tom. en 14 vol. in-8°.

Pellerin, *Recueil de médailles de peuples, villes et rois, etc.* Paris, 1762-67, 10 vol. in-4°, fig.

Mionnet, *Description des médailles antiques grecques et romaines.* Paris, 1806-37, 15 vol. in-8°, fig.

Le même, *De la rareté et du prix des médailles romaines.* Paris, 1827, 2 vol. in-8°, fig.

Thesaurus Morellianus. Amstelœdami, 1752, 7 vol. in-fol., fig.

Banduri, *Numismata imperatorum romanorum à Trajano Decio ad Palæologos Augustos.* Lutetiæ Parisiorum, 1718, 2 vol. in-fol., fig.

Riccio, *Le monete delle antiche famiglie di Roma.* Napoli, 1845, 1 vol. in-4°, fig.

Mommsen, *Ueber das rœmische Münzwesen.* Leipzig, 1850, 1 vol. in-8°.

L. de la Saussaye, *Numismatique de la Gaule Narbonnaise.* Blois, 1842, 1 vol. in-4°, fig.

F. de Saulcy, *Essai de classification des suites monétaires byzantines.* Metz, 1838, 1 vol. in-8° et 1 atlas in-4°.

Le même, *Essai de classification de monnaies autonomes de l'Espagne.* Metz, 1840, 1 vol. in-8°.

Lelewel, *Type gaulois.* Bruxelles, 1840, 1 vol. in-8°, 1 atlas.

A. Duchalais, *Description des médailles gauloises de la Bibliothèque royale.* Paris, 1846, 1 vol. in-8°, fig.

Ch. Lenormant, *Trésor de numismatique et de glyptique.* Paris, 1834-50, 20 part. in-fol., fig.

Revue numismatique, publiée par E. Cartier et L. de la Saussaye. Blois, 1836-53, 18 vol. gr. in-8°, fig.

Jacob Kolb, *Traité élémentaire de numismatique ancienne, grecque et romaine, etc.* Paris, 1825, 2 vol. in-8°, fig.

Hénin, *Manuel de numismatique ancienne.* Paris, 1830, 2 vol. in-8°.

A. Barthélemy, *Nouveau manuel complet de numismatique ancienne.* Paris, 1851, 1 vol. in-18, avec atlas.

Médailles du moyen âge.

Cl. Bouteroue, *Recherches curieuses des monnoies de France.* Paris, 1666, in-fol., fig.

Le Blanc, *Traité historique des monnoyes de France.* Paris, 1690, in-4°, fig.

J. Lelewel, *Numismatique du moyen âge considérée sous le rapport du type.* Paris, 1835, 2 vol. in-8° et 1 atlas in-4°, fig.

A. Barthélemy. *Manuel de numismatique moderne.* Paris, 1852, in-18, avec 1 atlas.

Conbrouse, *Catalogue raisonné des monnaies nationales de France.* Paris, 1839-41, 2 part. de texte et 2 atlas gr. in-4°.

Tobiesen Duby. *Traité des monnoies des barons, prélats, villes et seigneurs de France.* Paris, 1790, 2 vol. gr. in-4°.

Le même, *Recueil général de pièces obsidionales.* Paris, 1786, in-8°, fig.

Poey d'Avant, *Description des monnaies seigneuriales françaises composant la collection de M. Poey d'Avant; essai de classification.* Luçon, 1853, 1 vol. in-4°, fig.

B. Fillon, *Considérations historiques et artistiques sur les monnaies de France.* Fontenay-Vendée, 1850, in-8°, fig.

Le même, *Lettres à M. Dugast-Matifeux sur quelques monnaies françaises inédites.* Fontenay-Vendée, 1853, in-8°, fig.

A. de Longpérier, *Notice sur des monnaies françaises composant la collection de M. J. Rousseau.* Paris, 1848, 1 vol. in-8°, fig.

Voir aussi *Revue numismatique.*

Jetons et méreaux.

Mahudel, *De l'origine et de l'usage des jetons.* (Histoire de l'Académie des belles-lettres, t. III, p. 388-396.)

Snelling, *A view of the origin, nature and use of jettons or counters.* London, 1769, in-4°, fig.

J. de Fontenay, *Mémoires de la société éduenne,* 1844 et 1845, et *Nouvelle étude de jetons*. Autun-Paris, 1850, avec de nombreuses gravures sur bois.

Alex. Hermand, *Recherches sur les monnaies, médailles et jetons de Saint-Omer, suivies d'observations sur l'origine et sur l'usage des méreaux*. 1834, in-8°, fig.

Rossignol, *Des libertés de la Bourgogne d'après les jetons de ses états*.

Sceaux.

Mabillon, *De re diplomatica*. Parisiis, 1709, in-fol., fig.

Dom de Vaines, *Dictionnaire raisonné de diplomatique*. Paris, 1774, 2 vol. in-8°.

Marquis de Migieu, *Recueil de sceaux du moyen âge*. Paris, 1779, in-4°, fig.

Mémoires de la société des antiquaires de Normandie. Année 1834, atlas.

Natalis de Wailly, *Éléments de paléographie*. Paris, 1838, 2 vol. in-4°, fig.

Voir aussi *Revue numismatique*.

La recommandation faite, à propos des médailles et monnaies, de décrire minutieusement les caractères les plus accessoires, est également applicable aux jetons et méreaux, aux matrices de sceaux, ou à leurs empreintes en cire ou en plomb; elle n'a pas moins d'importance pour la description des blasons. Les communications relatives à ce dernier objet devront mentionner exactement la forme des écus, les ornements extérieurs dont ils sont accompagnés, etc. Enfin le comité ne saurait trop demander de joindre, autant qu'il sera possible, des descriptions graphiques aux descriptions écrites. Les correspondants sont en même temps priés d'indiquer, sur ces dessins, les mémoires ou notices auxquels ils se rapportent, afin d'éviter des erreurs dans le classement.

Le comité invite ses correspondants à lui signaler les actes de vandalisme, les projets de destruction qui menacent les édifices.

S'il n'a pas personnellement d'action pour préserver les monuments, il peut du moins élever la voix en leur faveur et arrêter l'effet de mesures désastreuses. Mais la plus grande circonspection doit être apportée dans l'énonciation des faits de cette nature : il importe de ne pas engager à la légère le comité dans une fausse démarche. On devra donc, avant tout, s'enquérir des faits de la manière la plus précise, et ne signaler que les actes et les projets dont l'existence sera parfaitement avérée.

Enfin, les correspondants doivent bien se pénétrer que le comité a uniquement pour mission la recherche et la description des monuments, mais qu'il ne dispose d'aucun fonds pour leur entretien. Le ministre de l'instruction publique est dans l'impossibilité absolue d'accorder des secours pour réparer des édifices, opérer des fouilles, etc. Toutes les demandes de cette nature doivent être adressées directement au ministère d'État, qui a dans ses attributions la commission chargée du classement des monuments historiques et de la répartition du crédit attribué à leur conservation.

Les correspondants se rappelleront aussi que le comité institué pour décrire les monuments ne peut, en aucune circonstance, s'occuper de questions, de systèmes qui auraient pour base ces mêmes monuments. Ils s'abstiendront, par conséquent, de transmettre des travaux d'érudition, des dissertations dont le comité ne saurait faire aucun profit, et qui ont leur place marquée dans les nombreux recueils que publient les sociétés savantes de Paris et des départements.

IMPRIMERIE IMPÉRIALE. — Novembre 1853.

www.ingramcontent.com/pod-product-compliance
Ingram Content Group UK Ltd.
Pitfield, Milton Keynes, MK11 3LW, UK
UKHW021123230726
13926UKWH00002B/612

9 782016 158388